1. Auflage 2019

Satz und Umbruch: Kai Biebricher

Kai Biebricher

GELD

oder

Leben

Vorwort

Es ist über zehn Jahre her, als ich versuchte, in Drochtersen eine Regionalwährung einzuführen. Ich war 1. Vorsitzender des Gewerbevereins und hatte mir viele Gedanken über die wirtschaftliche Situation der kleinen Betriebe im Ort gemacht.

Den Onlinehandel als Konkurrenten gab es noch nicht. Auch die Euro-Krise lag noch vor uns. Und dennoch war zu spüren, dass die Globalisierung immer größere Spannungen zwischen der globalen Welt und unserer lokalen Region verursachte.

Viele meiner damaligen Empfindungen kamen nicht aus dem Verstand, sondern aus dem Bauch. Es war daher für mich schwierig, für die Idee der Regionalwährung mit überzeugenden Argumenten zu plädieren.

Aber in den letzten fünfzehn Jahren ist viel passiert.

Der für mich wichtigste Impuls, einen zweiten Anlauf für eine regionale Währung zu starten, ist, dass ich sehe, wie neben Wirtschaft und Finanzen nun auch die Umwelt mehr und mehr in Mitleidenschaft gezogen wird.

Aber bei den meisten Menschen ist es ebenfalls nur ein Bauchgefühl ohne konkrete Idee, was man tun könnte. Ein gutes Beispiel dafür sind die "Fridays for Future"- Versammlungen.

Auf „arte" sah ich einen Bericht über Regionalwährung in Brasilien - den Palmas. Ein erfolgreiches Geld. Eine völlig verarmte, von der Zentralregierung vergessene Region blüht mit eigenen Minibanken wirtschaftlich und sozial auf.

Aber Vorsicht. Wir leben nicht in einer Region, in der die Bevölkerung hungernd den ganzen Tag auf der Straße sitzt und wirtschaftlich arm ist.

Bei uns verlassen morgens wohlhabende Menschen mit fetten SUVs den regionalen Wirtschaftsraum und kommen am Abend zurück.

Die Armut, die mit unserer Regionalwährung in Reichtum verwandelt werden soll, ist nicht so offensichtlich wie in Brasilien.

2014 habe ich ein kleines Heft mit vier Geschichten herausgegeben, die alle mit Geld zu tun haben. Zur Auflockerung dieses Buches sind sie dort eingefügt, wo ich denke, dass sie das Beschriebene noch mal anders beleuchten können.

Geld, der Motor auf dem Lebensfluss

Wäre das Leben ein Fluss und unsere Erde ein Boot, dann führen wir Menschen gemeinsam als Passagiere auf dieser Reise.

Was hat diese Metapher mit Geld zu tun?

Einige sehen in dem Bild ein großes Kreuzfahrtschiff, auf dem Tausende von Personen auf einer autonomen Welt über das Meer dampfen.

Andere denken an weniger Menschen, die auf einem Floß oder einem Kanu in den Sonnenuntergang paddeln.

Und dann gibt es die religiöse Fraktion, die die rettende Arche von Noah assoziiert.

Ich lasse diese Bilder gleichberechtigt nebeneinander stehen und frage noch einmal: Was hat das mit Geld zu tun?

Wenn Geld der Motor ist, der unser Fahrzeug durch den Lebensfluss schiebt, dann hätte der Riesendampfer die Maschine im Bauch und das antreibende Geld wäre so gigantisch wie eine EZB oder die Börsen auf unserem Planeten.

Die Paddel der Kanuten entsprechen eher unserem privaten Portemonnaie und die Arche triebe passiv und antriebslos auf dem Wasser.

(Man kann nachträglich von Glück sagen, dass sich Noah nicht auf dem offenen Meer befand, als der große Regen vorbei war.)

Alle, die sich passiv durch die reale Wirtschaft treiben lassen und praktisch keinen Unterschied empfinden, ob unser Kahn die Arche oder der kraftvoll angetriebene Gigant ist, werden mit diesem Buch schwer zu erreichen sein.

Aber das ist nicht schlimm. Wenn diese Menschen das regionale Geld genauso passiv verwenden wie jetzt den Euro, dann wird sich die heilende Wirkung der neuen Währung auch entfalten. Dem Geld ist es schließlich egal, ob bei dessen Gebrauch nachgedacht wird.

Das Geld trägt einen Traum

Die heilende Wirkung des Geldes im Voraus zu beschreiben ist schwierig. Mit einem Sachbuch gibt man Wissen weiter. Zum Thema Geld erwartest du zu Recht, dass jetzt endlich Zusammenhänge beschrieben werden und ich anhand von Fakten erkläre, wie ein Markt im Detail funktioniert.

Doch genau diese Fakten sind Teil des Problems.

Wenn selbst der Präsident der USA lieber mit einer eigenen Wahrheit regiert und dazu viele Lehren aus den alten Büchern und die Kompetenz von Wissenschaftlern einfach ignoriert, dann wird deutlich, dass das Verstehen der Realität nicht zur Lösung führt.

Aber die Lösung wovon? Was ist eigentlich das Problem?

Bei dem Gedanken an Geld haben vermutlich die meisten das Problem, dass eben dieses Geld in der Regel nie ausreicht, um das gewünschte Leben zu führen.

Aus der Sicht des Geldes ist das aber sehr gut. Deine Unterversorgung mit Geld zeigt, dass du dein Geld ausgegeben hast und dich permanent bemühst, neues Geld zu bekommen.

Geld wandert. Es macht auch Pausen auf seiner Reise, aber Geld will in Bewegung bleiben.

Wenn Goldtaler im Meer versinken oder in Truhen vergraben wurden und nun vergessen sind, dann existieren solche Schätze in unserem Denken als Geld, aber es ist tot. Dieses ruhende Geld hat einen enormen Charme, weil wir wie Pippi Langstrumpf aus einem Koffer mit goldenen Talern leben könnten, wenn wir einen dieser Schätze besäßen. Aber auch mit Regionalgeld wird niemand in dem Sinne reich werden, wenn er die Scheine in einem Koffer sammelt.

Stellen wir uns Geldscheine als kleine Boote vor. Nicht wir sind auf dem Schiff, sondern unsere Gedanken und Träume.

Beispiel: Im Büro denke ich an eine leckere Currywurst und ein schönes kühles Bier nach Feierabend. Ich habe noch genau 10 Euro im Portemonnaie. Von diesem Geld werde ich mir meinen Wunsch erfüllen. Der Geldschein in meiner Tasche trägt nun eine Fracht. An der Imbissbude wird mein Traum Realität und das Schiff kann mit einem neuen Gedanken beladen werden.

Das Geld funktioniert aber nur, wenn der Budenbesitzer als nächstes mit Wünschen dran ist. Würde ich ihn bitten, dass ich die 10 Euro behalten darf, obwohl ich von ihm Bier und Currywurst bekommen habe, würde er mir vermutlich einen Vogel zeigen.

Wenn er nur sehen könnte, wie viele Träume ich noch in mir trage, müsste er mir das Geld eigentlich überlassen, aber er tut es nicht. In einer von Liebe dominierten Welt bekämen wir die Dinge geschenkt, ohne dafür den nächsten Traum aufgeben zu müssen.

Ist das Geld also böse, weil es scheinbar ohne Liebe ist?

Mit dem Wortbild Boot assoziieren wir immer häufiger überladene Wracks auf dem Mittelmeer. Die Träume, die auf diesen Schiffen unterwegs sind, sind offensichtlich: Ein trockenes Bett in der Nacht, ein Schluck Wasser und Essen, um wirklich zu leben, nicht um eine Currywurst-Laune zu stillen.

Wir haben gelernt, dass wir an der Imbissbude nicht „geliebt" werden. Es ist völlig normal, dass wir mit unseren Träumen bezahlen müssen. Viele sind deshalb dafür, dass die Menschen in Not ihre Linderung auch nur im Tausch bekommen.

Geld ist etwas, von dem jeder zu wenig hat. Alle sind in Not. Entsprechend der Höhe unserer Gehälter ist diese Not zwar gestaffelt, aber je erfüllter unser Leben ist, um so negativer scheint das „Verhalten" des Geldes.

Neid ist ein starker Antrieb für unsere Wirtschaft.

Kaufst Du noch, oder denkst Du schon?

Wir haben einen Dackel. In Bezug aufs Essen ist es ein ungewöhnlicher Hund. Er isst nur soviel, wie er Hunger hat, sein Napf ist meist halb voll. Aber wenn der Hund aus dem oberen Stockwerk im Treppenhaus zu hören ist, dann rast der Dackel zu seinem Fressen und schlingt weg, was noch da ist. Fast panisch getrieben von dem Gefühl, jemand könnte ihm etwas wegnehmen.

Mir scheint, dass dieses triebhafte Verhalten auch bei vielen Menschen vorhanden ist und das Kaufverhalten häufig stärker beeinflusst als der tatsächliche Bedarf.

Unsere Regionalwährung wird GNU heißen.

Ich bin davon überzeugt, dass der GNU die unbewussten, triebhaften Verhaltensweisen der Verbraucher zwangsläufig zu umweltfreundlichem Benehmen umkehren wird, weil jeder Mensch seinen Planeten instinktiv lieber retten als zerstören möchte.

Aber solange der Markt nur ein Angebot bietet, nämlich die destruktive, zerstörende Variante, gehen zumindest alle unüberlegten Entscheidungen automatisch dorthin.

Wir, die Gesellschaft für Natur und Umweltschutz e.V. (kurz GNU), sind davon überzeugt, dass ein regionales Geld mehr für die Natur tun wird als der Euro.

Wer jetzt darüber nachdenkt, ob im heutigen Markt mehr triebhafte oder mehr überlegte Entscheidungen getroffen werden, bedenke einmal folgendes:

Ein Werbespot vor der Tagesschau kostet etwa zweiundvierzigtausend Euro. Sehr viele Menschen kaufen danach ein Produkt, was sie ohne den Spot nicht getan hätten. Wenn dem nicht so wäre, würde der Hersteller das Geld für den Spot nicht ausgeben.

Aber kennst du einen einzigen Menschen, der zugäbe, dass sein Trieb ausgenutzt wurde?

Lieber Leser, bitte verstehe mich nicht falsch. Es geht nicht darum, die Kaufentscheidung anderer Menschen zu kritisieren oder zu bewerten. Persönlicher Geschmack, der eigene Lebensstil – das Geld soll kein Erziehungsmittel sein. Die Vielfalt der Menschen ist wertvoll und das Geld soll das individuelle Wachstum des Einzelnen stärken.

Der GNU macht aber keine besseren Menschen. Den Traum, den du auf deinen Geldschein lädst, bestimmst weiterhin du, egal wie er zu dir kam.

Wer seiner kranken Nachbarin, die von ihrer Rente nicht leben kann, einen Einkauf schenkt, kann mit GNU oder Euro bezahlen. Nicht das Geld ist gut oder böse, das sind und bleiben die Menschen.

Vermutlich wünscht du dir ein von Liebe geleitetes Wirtschaftssystem, in dem der Mensch wieder im Mittelpunkt steht und das soziale Miteinander darin Ausdruck findet, weil jeder versucht, dem Anderen Gutes zu tun.

Aber du wirst mir zustimmen, dass es unrealistisch wäre, dass wir eines Tages unser Auto liebevoll vom Autohändler geschenkt bekommen. Im Supermarkt dürfte jeder aus den Regalen nehmen, genauso wie heute die Obdachlosen von ehrenamtlichen Mitarbeitern an den Tafeln beschenkt werden.

Und nun ein Märchen:

Der ehrliche Schäfer

Zwei Touristen, Elke und Ramon, nutzen ihren letzten Urlaubstag, um zu Fuß auf dem Deich von Dornbusch nach Drochtersen zu wandern. Ihr Ferienhaus liegt versteckt am Deich in einer märchenhaften Gasse mit kleinen, gemütlichen Häuschen.

Es ist Herbst geworden. Am Morgen hat es geregnet, aber nun scheint die Sonne durch die letzten Nebelschwaden. Elke und Ramon gehen Hand in Hand auf dem vom Regen weichen, aber noch nicht matschigen Gras der Deichkrone. Bis Drochtersen sind es noch fünf Kilometer.

Elke breitet verliebt und zufrieden die Arme aus, ihre Haare wehen leicht im Wind. Die Luft ist trotz der Sonne schon kühl. Elke trägt einen warmen Pelzmantel und Schuhe, die aussehen, als seien sie eigens für diesen Marsch gekauft worden. Es sind kostbare Gummistiefel von Prada, einem italienischen Modehaus.

Ramon zieht sich dünne Lederhandschuhe an und sie gehen, Hand in Hand, ein wenig schneller. In einiger Entfernung sehen sie Schafe auf dem Deich und kurz darauf hören sie ein deutliches „Mäh" und dazwischen immer wieder lautes Hundegebell.

Als sie die Herde erreicht haben, gehen sie automatisch etwas langsamer, weil sie mit ihren feinen Schuhen nicht in einen der vielen

Haufen treten möchten, welche die Schafe gleichmäßig auf dem Deich verteilt haben.

Die Schafherde, die eben noch dicht an dicht den Deich blockierte, macht Platz, als habe jedes Schaf eine gute Erziehung genossen, sodass Ramon und Elke ihren Weg durch eine wollige Gasse fortsetzen können.

Inmitten der Tiere steht der Schäfer - ein Mann, dessen Alter schwer zu schätzen ist. Wind und Wetter haben sein Gesicht altern lassen, aber seine Augen sehen die beiden Wanderer jung und wach an. Als das Paar den Schäfer bis auf wenige Schritte erreicht hat, befiehlt dieser seinen Hund mit einem kurzen Laut an seine Seite.

Der Schäfer nickt ihnen einladend zu und Ramon sagt freundlich: „Guten Morgen."

Sie bleiben eine Weile bei dem Mann stehen und reden ein wenig über dies und das. Elke betrachtet ein wenig befremdet die Kleidung des Schäfers. Sie überlegt, ob das, was der Mann am Leib trägt, jemals gewaschen wurde. Die Hose war einmal eine Jeans, das ist noch zu erkennen, aber sie ist dem Mann viel zu weit, und statt eines Gürtels hat er ein in Streifen gerissenes Hemd durch die Schlaufen der Hose gezogen und mit einem Knoten auf Taille gehievt. Der Knoten ist so speckig, dass Elke vermutet, dass der Schäfer die Hose auch nachts nicht auszieht.

Ramon erzählt, dass sie auf dem Weg nach Drochtersen sind und dort zu Mittag essen wollen. Elke sieht ihren Mann mit zusammengezogenen Mundwinkeln an, weil sie es unpassend findet, diesem armen Mann von dem Essen zu erzählen.

Ramon hat ihren Blick aber nicht bemerkt. „Wie machen Sie denn Mittagspause?", fragt er den Schäfer. „Sie können die Schafe doch nicht mit in ein Geschäft nehmen." Der Schäfer lächelt. „Ich habe alles dabei", greift in die weite Tasche seines Mantels und holt ein Papier heraus, in das ein Käsebrot eingewickelt ist. Das Papier ist so von Fett durchzogen, dass es fast durchsichtig ist. Elke vermutet, dass er dieses Papier verwendet, seitdem er Schäfer ist.

Ramon findet, dass eine kleine Scheibe Brot für den ganzen Tag sehr wenig ist. Er hat sich noch nie Gedanken über den Beruf des Schäfers gemacht. „Wie viele Schafe sind das eigentlich?", fragt Ramon. „Etwa vierhundert", bekommt er zur Antwort.

Der Schäfer beißt von seinem Brot ab und gibt seinem Hund ein etwa gleich großes Stück ab. Elke ist froh, dass er ihnen nichts anbietet, denn der Käse sieht alt und vertrocknet aus. Der Schäfer bemerkt ihren Blick und sagt: „Letzte Woche haben mir Jugendliche an meinem Wagen einen Reifen zerstochen. Das hat zehn Euro gekostet. Deshalb muss ich etwas sparsam leben."

Ramon findet ein paar tröstende Worte, dass es schlimm sei, was die Jugend manchmal so täte und geht dann, „einen schönen Tag" wünschend, mit Elke seiner Wege.

Sie gehen und laufen ein wenig oder sie spielen Flugzeug, weil sie sicher sind, unbeobachtet zu sein. Dazu öffnen sie ihren Mantel und halten mit den Händen den Saum fest. Dann breiten sie die Arme aus und fliegen wie kleine Kinder den Deich entlang, der kurz vor Drochtersen herrlich kurvig ist. Der Herbstwind ist schon so kräftig, dass er ihre Mäntel zu kleinen Ballons aufbläst.

Zu Mittag erreichen sie Drochtersen, gut gelaunt und mit roten, gesunden Wangen. Sie essen vornehm und - einem Urlaubsabschluss angemessen - auch reichlich und Elke sagt, während sie an ihrem Wein riecht: „So ein Schäfer hat es doch gut, den ganzen Tag an der frischen Luft."

„Mir reicht's für heute mit frischer Luft", sagt Ramon. „Zurück nehmen wir ein Taxi oder möchtest du laufen?" Sie lächelt. „Nein, lieber ein Taxi!"

Nach dem Mahl und - sozusagen als Krönung - einer herrlichen Tasse Kaffee winkt Ramon der Bedienung: „Zahlen bitte!" Er nimmt seinen Mantel, der über einem anderen Stuhl liegt und flüstert zu sich: „Nanu". Er sucht unter dem Stuhl.

„Was ist?", fragt Elke.

„Meine Brieftasche! Wo ist meine Brieftasche?"

Ramon klopft immer hektischer seine Taschen ab. Er schüttelt seinen Mantel und fühlt das Futter ab. „Nichts", sagt er.

„Der Schäfer! Meinst du, er hat sie gestohlen?"

„Das glaube ich nicht. - Bestimmt habe ich sie auf dem Deich verloren. Ich muss doch zu Fuß gehen. Kommst du mit oder fährst du allein mit dem Taxi?"

Elke fährt allein mit dem Taxi. Für das Essen und die Fahrt hat sie in ihrem eigenen Portemonnaie zum Glück noch genug Geld dabei gehabt. Ramon geht schnellen Schrittes denselben Weg zurück, den er vor ein paar Stunden gekommen war. Er sieht aufmerksam rechts und links ins Gras.

In der Ferne sieht er schon die Schafe, aber er lässt seine Konzentration nicht vom Weg, den er mit ängstlichem Gefühl absucht.

Erst als er sieht, dass ihm der Schäfer zuwinkt und etwas Schwarzes in die Luft hält, läuft er ihm entgegen.

„Hier, das haben Sie verloren", sagt dieser, als Ramon vor ihm steht. „Gut, dass Sie da sind, ich musste das wertvolle Ding in der Hand vor mir hertragen, in meiner schmutzigen Tasche wäre das kostbare Leder bestimmt kaputt gegangen."

„Danke, danke! Vielen Dank", sagt Ramon sichtlich gerührt.

Er nimmt die Brieftasche an sich und überlegt, ob er den Inhalt kontrollieren sollte. Erst jetzt wird ihm bewusst, was er beinahe alles verloren hätte: Reisepass, Ausweis, Kreditkarte, Führerschein, Einkaufskarte, BahnCard, Miles & More. Erst gestern war er am Geldautomaten und hatte tausend Euro abgehoben. Er blättert unauffällig die vielen Scheine durch, es scheint nichts zu fehlen.

Voller Dankbarkeit greift Ramon einen 5-Euro-Schein, nimmt dann aber im letzten Moment doch einen Zehner und reicht die geschlossene Hand mit dem Geld dem Schäfer.

„Hier, für Ihre Ehrlichkeit", sagt er großherzig. Der Schäfer geht einen großen Schritt zurück. „Die kann keiner kaufen", sagt er und hält seinen Stock vor sich, als wolle ihn Ramon mit seiner Faust bedrohen.

„Bitte", spricht Ramon nun fast flehend, „Sie können das Geld doch gebrauchen. Nehmen Sie es für ihren zerstochenen Reifen."

Ramon geht einen kleinen Schritt auf den Schäfer zu, aber auch vor diesem Schritt weicht der Schäfer zurück. „Als ich Ihnen vorhin von meinem Pech erzählte, hätten Sie mir Geld schenken dürfen. Es wäre eine ehrliche Anteilnahme an dem mir widerfahrenen Unrecht gewesen. Aber dieses Geld", er zeigt auf Ramons noch immer vorgehaltene Faust, „will mich verspotten."

„Aber nein", sagt Ramon, wirkliche Rührung in der Stimme. „Es zeigt meine Dankbarkeit."

Da sieht ihn der Schäfer mitleidig an. „Du bist ein armer Mann. Wenn du für Dankbarkeit wirklich bezahlen musst, dann bist du ein armer Mann."

Ramon ging die letzten Kilometer gesenkten Hauptes zurück. Er war zutiefst beschämt, weil er das Gefühl hatte, zum ersten Mal in seinem Leben einem wirklich ehrlichen Menschen begegnet zu sein. Er hielt noch immer das Geld in seiner Hand. Einen Schein, der eben nicht einfach nur 10 Euro war. Das Geld, das hat Ramon gelernt, nimmt unsere Seele auf seiner Wanderschaft mit, ob wir es nun wollen oder nicht.

Regionalgeld, was soll das?

Ich hoffe, der ehrliche Schäfer hat dich nachdenklich gemacht. Aber zur Regionalwährung sage ich noch mal ganz deutlich: Auch einen 10-GNU-Schein hätte der Schäfer von Ramon vermutlich nicht angenommen.

Deshalb nun weiter mit der Überlegung, was das mit der Regionalwährung überhaupt soll.

Dazu ein Gedankenspiel:

Stellen wir uns einen kleinen Wirtschaftsraum vor. Er besteht aus vier Akteuren: Sandra, Paul, Michaela und Hans. Sobald jemand 20 Euro Schulden hat, ist er in diesem Mini-Wirtschaftssystem pleite, kriegt keine Kredite mehr, kann nichts mehr tun.

Logischerweise auch nichts verkaufen. Kurz: Er ist raus.

Nun haben leider alle vier 20 Euro Schulden, sind also pleite. Paul schuldet Michaela 20 Euro, Michaela schuldet Hans 20 Euro, Hans schuldet Sandra genau diese Summe und Sandra schuldet Paul auch 20 Euro.

Wie viel Geld wäre notwendig um den Wirtschaftsraum wieder flott zu machen? Auf den ersten Blick meint man, es sind 80 Euro, weil jeder 20 Euro Schulden hat.

Wer aber erkennt, dass die Schulden einmal im Kreis laufen, der sieht, dass es nur 20 Euro sein müssten. Gibst du einem von den Vieren 20 Euro, dann kann dieser seine Schulden beim Zweiten bezahlen. Der Zweite zahlt, der Dritte und nach vier Transaktionen sind alle wieder entschuldet und du kannst dein Geld sogar zurückbekommen.

20 Euro sind in diesem gedachten Minisystem ein „gigantisches" Vermögen. Niemals würde dieser Betrag aus dem Nichts auftauchen. Aber auch 1 Euro oder 10 Cent würden genügen. Der kleine Betrag durchläuft den Wirtschaftsraum dafür 20 oder 200 Mal. Doch auch dann sind alle Schulden bezahlt.

Mit nur 10 Cent!

Dieses Wesen des Geldes ist uns in unserem täglichen Leben in der Regel nicht bewusst.

Wenn Sandra, Paul, Michaela und Hans so viele Schulden haben, dann existiert irgendwo etwas im Wert von 80 Euro. Es steht im Wirtschaftsraum etwas Erschaffenes. In der Garderobe hängt zum Beispiel ein

Kleidungsstück oder irgendetwas, das diesen Wert darstellt. Aber mit der Verwandlung des Geldes in ein Ding wird das Geld von dem Produkt befreit.

So wie das kleine 10-Cent-Stück den Wirtschaftsraum entschuldet hat, können mit nur 10 Cent auch große Vermögen erzeugt werden.

Wenn ich bei diesem Gedanken zu den vier Personen noch ein paar tausend Chinesen in den Wirtschaftsraum aufnehme, dann bekommst du hoffentlich zum ersten Mal selbst ein Gefühl davon, dass unser Geld im Kleinen anders funktioniert als global.

Aber was war eigentlich passiert, dass Sandra, Paul, Michaela und Hans total verschuldet waren? Auch wenn nur ein 10-Cent-Stück im Umlauf ist, das Geld kann eigentlich nicht verloren gehen.

Das Märchen, das ich nun einflechte, schrieb ich 2006 ganz konkret für Drochtersen, um eine Regionalwährung transparent zu machen. Damals dachte ich, "Der geizige Felix" zu lesen genügt, und die Frage aus der Überschrift dieses Kapitels sei damit beantwortet.

Der geizige Felix

Es war einmal vor langer, langer Zeit ein kleines Dorf. In diesem Dorf lebten viele glückliche und zufriedene Menschen. Es gab einen Bäcker, der backte die herrlichsten Brötchen und Brote, die man sich nur wünschen konnte. In unserem Dorf gab es auch einen Schuster. Die Schuhe, die er machte, waren robust, und bei Regen bekamen wir keine kalten Füße. Es gab auch einen Bauern. Er verkaufte frische Milch, Eier und die Butter für die Brötchen. Fast hätte ich unseren Schreiner vergessen. Mit geschickter Hand baute er Möbel und Truhen und reparierte die Fensterläden, damit im Winter der Schnee nicht in die Häuser drang.

Alle waren glücklich und zufrieden. Der Bäcker verkaufte seine Brötchen an den Schuster und an den Bauern. Der Schreiner kauft seine Schuhe beim Schuster und der Schuster kaufte sich Butter für sein Brot beim Bauern. Manchmal kaufte sogar jemand bei einem armen Maler, der einsam am Dorfrand wohnte, ein Bild. Dann konnte sich auch der Maler am Sonntag ein frisches Brötchen kaufen.

Der Schreiner war ein reicher Mann, der baute für alle im Dorf die Möbel. Der Schuster, der Bäcker und der Bauer gaben ihr Geld beim Schreiner aus. Aber auch der Bäcker war ein reicher Mann, denn der Schreiner und der Schuster und der Bauer kauften Brot und Brötchen beim Bäcker. Der Schuster war zwar nicht ganz so reich wie der Schreiner und der Bäcker, die Schuhe, die der Schuster fertigte, hielten einfach zu lange, so dass die anderen im Dorf nur selten neue Schuhe brauchten. Der Bauer kaufte am häufigsten neue Schuhe, darum war der Schuster auch nicht arm. Der Maler war zwar sehr arm, aber dafür war er der glücklichste Mensch im Dorf.

So waren alle zufrieden und lebten ohne Streit zusammen. Jetzt darfst Du nicht denken, dass die Reichen im Dorf Geldberge gesammelt hätten, sie gaben die Taler ja immer sehr schnell weiter. Aber in unserem Dorf hat auch einmal der geizige Felix gelebt. Er arbeitete mal beim Bauern, mal beim Schreiner oder beim Schuster. Er bekam gutes Geld für seine Arbeit, aber er war so geizig, dass er lieber hungerte und alte Schuhe trug, als das er sein Geld im Dorf ausgegeben hätte. Eines Tages bin ich der reichste Mann im Dorf sagte der geizige Felix immer und sammelte Geld im Überfluss.

Bald hatte Felix fast alle Taler des Dorfes gesammelt. Der Bauer konnte sich keine Schuhe mehr kaufen, weil Felix das ganze Geld hatte. Außerdem konnte der Schuster sowieso keine Schuhe mehr machen, weil es kein Geld gab, um Leder zu kaufen. Der Bäcker backte kein Brot mehr, obwohl alle Hunger hatten. Aber ohne Geld konnte er vom Bauern kein Mehl kaufen. Auch der Schreiner war nun ein armer Mann, weil keiner bei ihm kaufen konnte. Der geizige Felix konnte sich über sein vieles Geld aber nicht recht freuen, denn es gab nichts, was er sich hätte kaufen können. Der Bäcker hatte keine Brötchen mehr, der Schuster hatte keine Schuhe und der Schreiner keine Möbel.

Also schimpfte Felix auf das faule Pack, auf den Schreiner, der keine Möbel baute, auf den Schuster, der keine Schuhe machte und auf den Bäcker, der die Menschen hungern ließ. Und daher verließ Felix, wie er sagte, „für immer" dieses armselige Dorf.

Für den Maler war es nichts Besonderes, arm zu sein, aber die anderen Menschen so unglücklich zu sehen, lag ihm schwer auf der Seele. Also malte er ein paar neue Geldscheine und schenkte dem Bauern, dem Schreiner, dem Schuster und dem Bäcker je ein Viertel des Geldes. Der Bäcker kaufte sofort Weizen und backte wieder Brötchen. Der Schuster machte Schuhe und, als ob es den geizigen Felix nie gegeben hätte, lebten alle fortan liebenswert und lebendig miteinander.

Die Parallel-Welten

Na ja, diese kleine Geschichte kam als Märchen gut an, aber den Zusammenhang mit dem Regionalgeld konnte oder wollte niemand verstehen.

Unser Werbeslogan "Drochtersen, liebenswert und lebendig", der unter meiner Amtszeit eingeführt wurde, erfreute sich großer Beliebtheit. Viele Autos mit dem Erkennungszeichen unserer „Metropole" waren auf den Straßen zu sehen, aber der große Wurf für wirtschaftliches Wachstum ist mir damals leider nicht gelungen.

Also noch mal die Frage, wer oder was kann Sandra, Paul, Michaela und Hans verschuldet haben? War es der geizige Felix?

Kennst du den Spruch: "Der Teufel scheißt immer auf den größten Haufen." Da ist etwas dran, denn dort, wo Geld ist, kommt leichter etwas dazu. Die Häufung von Geld in der globalen Wirtschaft ist sicher mit meinem Felix vergleichbar, weil sie an anderer Stelle ein Vakuum verursacht.

Aber das globale Geld ist genauso gerne auf Wanderschaft wie das Regionale. Das große Geld wird auch mit Träumen beladen, genau wie unser kleines Geld. Es muss, wenn der Traum Realität ist, auch neu beladen werden. So wie du dein Geld an der Imbissbude abgeben musstest, wechselten auch Millionen von Euro den Besitzer, sobald die Elbphilharmonie fertig war.

Aber die achthundert Millionen sind nicht als ein Block von einem Geldschein auf den nächsten gesprungen. Das Geld floss in verschiedene Rinnsale bis hin zu einzelnen Euro, die der Letzte am Bau fürs Ausfegen bekam.

Wie wertvoll ist das Konzerthaus für Hamburg?

Du stehst nun vor dem imposanten Bau und beurteilst die Frage nach dem Wert unter den verschiedensten Gesichtspunkten. Die schöne Architektur, die bessere Auslastung der Hotels in der Stadt, die hochwertige Kultur...

Um die Vorteile einer Regionalwährung zu erklären, haben all diese Aspekte der Betrachtung überhaupt keine Relevanz mehr. Die achthundert Millionen Euro sind schon lange weiter gezogen. Ob du den Wert des Konzerthauses siehst oder schon immer ein Gegner dieses Gebäudes warst, das tut jetzt nichts mehr zur Sache.

Was macht das Geld jetzt gerade. Darum geht es!

Wenn neben dir jemand stünde, der dieses Wahrzeichen für noch wertvoller erachtet, als es seine Baukosten waren, und du für diese „Hütte" höchstens eine Million ausgeben hättest... Egal! Es ziehen ganz exakt achthundert Millionen Euro durch die Wirtschaft, die mit einer neuen Aufgabe beladen werden wollen.

Gedankensprung:

Als mein Leben einmal nicht nach Plan lief und ich mir in der Industrie eine Auszeit nahm, habe ich auf einem befreundeten Bio-Hof bei der Arbeit geholfen. Ich senste Gras für die Ziegen oder half bei der Ernte von Stachelbeeren.

Es waren leckere Bio-Stachelbeeren, die für 11 Euro das Kilo an ein Café in der Nähe verkauft wurden. Ich lieferte die Ware mit dem Fahrrad aus. Die Kundin sah in den Korb und meinte, den Lieferschein in der Hand, „ganz schön teuer" (sah eben auch wie Bio aus).

Zu dritt haben wir 2,5 Stunden geerntet, das ergab für 36 Euro Beeren.

Meine gewohnten Umsätze aus der Industrie angewendet (als Programmierer bin ich 82 Euro pro Stunde wert), sehe ich in dem Korb einen Betrag von 615 Euro vor mir. Also pro Kilogramm 186 Euro, nur für das Pflücken. Im Supermarkt kosteten Bio-Stachelbeeren an dem

Tag 4,50 Euro pro kg. Dagegen hatte unsere Ware sicher einen stolzen Preis.

Vermutlich bewertest du meine Arbeit in der Industrie auch höher als einen Korb voller Obst? Das Pflücken der Beeren ist sicherlich einfacher als die Erstellung einer komplizierten Software und mein Studium hat viele Semester gedauert. Aber macht das meine Arbeit wirklich wertvoller?

Ich habe noch gar nicht geschrieben, wozu meine Programme dienen. Nun: Ich automatisiere die Herstellung der Waren, mit denen wir unseren Globus zerstören.

Das Wort „Arbeitsplatz" klingt wertvoll, weil Geld fließt, und so die Wirtschaft lebt.

Aber die Auswirkungen auf unser Leben durch das, was an einem Arbeitsplatz entsteht, muss unbedingt wieder aus unserem Herzen und nicht von einem gierigen Aktienmarkt bewertet werden

Auch dann, wenn das Gerät für die Zerstörung kompliziert in der Herstellung ist und viele Stunden gedauert hat. Wir sind zu fest in unseren Geld-Strukturen.

Findest du meine Arbeit in der Industrie immer noch wertvoller als den Korb voller Obst?

Das Beispiel mit den Stachelbeeren macht deutlich, dass wir genau genommen bereits jetzt in mehreren Wirtschaftskreisen leben. Das "Industrieland" und das "Bauernhofland" wirtschaften in mancherlei Hinsicht nebeneinander her.

Als ich in China und im Iran gearbeitet habe, konnte ich alles kaufen wie zu Hause, dabei durfte ich alle Preise durch zehn teilen. Wenn ich zum Friseur ging, kostete es umgerechnet 80 Cent, für einmal Essen gehen mit den Kollegen war ich 2 Euro los. Die Flasche Sekt in der Nobeldisco kostete dagegen auch schon mal 4 Euro. In Norwegen mußte ich alle Preise mal drei nehmen, aber wie in China und Iran gab es alles zu kaufen. In der Gaststätte zahlte ich 12 Euro für ein Bier, der Friseur nahm über 60 Euro, allerdings mit Föhnen. In Norwegen war ich plötzlich ein armer Mann.

Die Kreisläufe funktionieren nebeneinander. Das ist sofort verständlich, weil China, Deutschland, Iran und Norwegen durch Grenzen als Region erkennbar sind. Es gibt für die Region eine eigene Währung und es fühlt sich erst "arm" oder "reich" an, wenn man zwischen den Regionen wechselt.

Das "Industrieland" und das "Bauernhofland" wirtschaften zwar in den selben Landesgrenzen, aber in Kreisläufen die sich kaum berühren.

 Ich habe in meiner dreißigjährigen Tätigkeit als Industrieprogrammierer in vielen Branchen gearbeitet.

Es ist erstaunlich, wie unterschiedlich die Preise für ein und dieselbe Lösung sind. In der Getränkeindustrie gibt es vielmehr Geld, als wenn ich eine Lüftungsanlage programmiere.

Nur sind diese Grenzen nicht so transparent wie ein Schlagbaum.

Es würde nicht funktionieren, wenn man Stachelbeeren ab morgen für 186 Euro pro Kilo verkaufen würde.

Wie wertvoll sind 50 Euro? Es klingt absurd, aber auch wenn ein GNU einen Euro kostet, können 50 GNU wertvoller sein. Es gibt einen Unterschied zwischen Preis und Wert!

Da fällt mir die Geschichte „Das Bonbon" ein. Wer legt den Preis für frisches Wasser fest?

Das Bonbon

Es war einmal in nicht allzu ferner Zukunft, da zogen sich ein Mann und eine Frau ihre Mäntel an, um eine Gewerbeschau in ihrem Dorf zu besuchen.

Schon von weitem war reges Treiben zu beobachten. Es waren mehr Menschen auf den Beinen als sonst. Sie gingen in eine der großen Hallen, in denen die Firmen ihre Leistungen anboten.

An einigen Ständen saßen Menschen im Gespräch, andere Verkäufer standen, mit Block und Stift bewaffnet, wie auf der Lauer, um dem nächstbesten Kunden die Vorzüge ihrer Waren zu erklären.

Auf den Tresen standen hier und dort kleine Teller mit Schokolade oder Keksen. Bei anderen waren es Bonbons, eingewickelt in das Papier der Firma. Der Mann ging an einen dieser Teller und nahm sich eine Süßigkeit.

Er musterte flüchtig den Werbeaufdruck, aber es stand nur in großen Buchstaben „G27" auf einer weißen Folie. Er riss sie mit den Zähnen auf und freute sich, dass es Traubenzucker war, den er besonders gerne mochte. Er drehte sich um und ging die etwa vier

Meter wieder zurück, die er sich bereits von der Schale fortbewegt hatte. Seine Frau folgte ihm langsam. Er griff nach noch einem Traubenzucker, nahm aber diesmal Augenkontakt zu einem kleinen, grauhaarigen Mann auf, der mit ein paar Faltblättern in der Hand schon seinerseits die Aufmerksamkeit auf den Besucher gerichtet hatte.

„Ich nehme noch einen für meine Frau", sagte der Mann wie zur Entschuldigung.

„Nur zu", sagte der Grauhaarige ermutigend und überreichte wie selbstverständlich eines seiner Faltblätter.

Der Mann gab den Traubenzucker seiner Frau und nahm, aufgefordert durch ein freundliches Lächeln des kleinen Mannes, noch ein Bonbon für sich, woraufhin seine Frau auch ein Faltblatt überreicht bekam.

Sie gingen weiter, mehr schlendernd als neugierig, und sahen sich die Angebote der Gewerbetreibenden an. Sie hatten inzwischen noch den einen oder anderen Zettel überreicht bekommen, als sie in einer Ecke der Ausstellungshalle einen Stand erreichten, an dem es herrlich nach Kaffee duftete.

„Kaffee?", fragte er.

„Oh gerne", antwortete sie und war schon auf dem Weg zu einem der gemütlichen Tischchen.

Die Bestellung gestaltete sich etwas komplizierter als erwartet, denn es gab keinen einfachen Kaffee, sondern nur neumodische Sachen wie: *Latte Macchiato, Cappuccino, Espresso, Caffè Latte, Milchkaffee* oder *Latte Espresso*. Während sie auf ihre Getränke warteten, sah die Frau die Werbezettel durch:

G27

Vielen Dank, dass Sie sich für die Einnahme unseres G27-Sensors entschieden haben. Der im Dragée enthaltene Sensor ist nur 0,06 mm groß und deshalb ohne jedes Risiko für Ihre Gesundheit.

Die Vorteile des G27:

Wie Sie sicher wissen, ist die Belastung der Luft durch Automobile und private Heizungsanlagen sowie durch die Abholzung der Regenwälder stark angestiegen.

In Kaufhäusern und anderen öffentlichen Gebäuden wird immer mehr Geld für Klimaanlagen ausgegeben, um den Kunden gute Luft und ausreichend Sauerstoff zum Atmen zur Verfügung zu stellen.

Mit dem *G27* wird nun endlich die lange ersehnte Steuer auf die verwendete Atemluft eingeführt, weil eine individuelle Erfassung der verbrauchten Luftmenge möglich ist. Der *G27*, den Sie jetzt hoffentlich zu sich genommen haben, ist auf eine Entfernung von 500m von außen lesbar. In ihm ist der Atemzähler und eine IdentNr gespeichert.

Datenschutz:

Der *G27* bereitet keine Probleme mit den gültigen Datenschutzgesetzen, weil die IdentNr eine zwar eindeutige, aber unpersönliche Nummer ist.

„Was ist das?", fragte sie ihren Mann, ihr Gesicht war verunsichert. Er nahm ihr das Blatt aus der Hand, obwohl er ein eigenes vor sich liegen hatte und las selbst.

„Das ist doch ein Witz!", sagte er, als er fertig war.

Ihnen fiel auf, dass sie sich gar nicht dafür interessierten, von welch einem Stand sie den Traubenzucker genommen hatten.

Nach dem Kaffee, den sie schneller als gewöhnlich tranken, gingen sie zurück, wo der kleine Mann sie anscheinend erwartete.

„Sagen Sie mal, was verkaufen Sie hier eigentlich?", fragte die Frau forsch und sah auf ein Plakat, auf dem stand:

Empfehlen Sie den *G27* weiter, damit die gute Luft zum

Pfeiler unserer heimischen Wirtschaft wird.

„Sie haben das Faltblatt gelesen?", antwortete der kleine Mann höflich und erklärte ausführlich die Möglichkeiten des G27. „Wenn man in Zukunft zum Beispiel ein Kaufhaus oder ein Schwimmbad betritt, wird der aktuelle Zähler im G27 ausgelesen und an der Kasse müssen die getätigten Atemzüge bezahlt werden."

„Spinnen Sie?", sagte der Ehemann und ballte seine Fäuste.

„Machen Sie sich keine Sorgen, wer viel einkauft, wird auch in Zukunft die Atemluft zu einem sehr günstigen Preis erhalten", tröstete sie der kleine Mann.

„Was ist, wenn zwei Dragees eingenommen wurden? Ich habe zwei Stück Traubenzucker gegessen."

„Kein Problem. Es ist sogar zu Ihrem Vorteil, wenn in Ihrem Körper mehrere Sensoren implementiert sind. Bei Ihnen werden zwei Zähler ausgewertet. Sollte ein *G27* nicht funktionieren, sind Sie mit mehreren Sensoren besser vor Fehlbuchungen geschützt."

Wütend darüber, dass der Gesetzgeber die kleine Maschine in ihrem Körper sogar verlangt, gingen der Mann und die Frau irgendwann frustriert und beklommen nach Hause.

Zwei Schutzengel, die das Paar nach Hause und durchs Leben begleiteten, fühlten die Angst der Menschen. Aber die Engel kennen die Zukunft und wissen, dass der Sensor schon bald dazu führen wird, dass alle Menschen Luft nur noch aus Sauerstofftanks atmen werden.

„Neue Fabriken und Tankstellen für Luft werden das Glück der Menschen sichern und Künstler werden schöne, mobile Atemgeräte entwerfen", sagte der eine Engel zum anderen.

„Glück nennst du das?", antwortete das andere Gotteswesen.

Sie sahen einen Hund aus einer Pfütze Wasser trinken. „Sieh", sagte der Engel. „Keine Kreatur auf der Erde meidet unser Wasser, nur der Mensch hat seinen eigenen Weg gewählt. Er bezahlt Geld für sein steriles Wasser und unser freies, göttliches Wasser macht ihn wirklich krank. Aber dafür macht es ihm Freude und es bedeutet Glück, sich gegen die Natur zu stellen."

„Du hast Recht", sagte der andere Engel. „Sie werden sich in Zukunft im vollen Bus keinen Schnupfen mehr holen und die Kinder können sich in der Schule nicht mehr mit Windpocken anstecken. Aber sie dürfen dann auch nie wieder ungeschützt frische Waldluft einatmen und Seeluft kommt nur als Aroma und gereinigt in die Apparate."

Angebot und Nachfrage

Die Frage war: Wer legt den Preis für frisches Wasser fest? Es gab Zeiten, da ging man mit seinem Topf zum Brunnen und das frische Nass war so gratis wie heute die Atemluft. Für Luft zu bezahlen, klingt idiotisch, aber Wasser zu kaufen, finden wir normal.

Du sagst jetzt vielleicht, das Wasser ist doch immer noch kostenlos, nur die Dienstleistung, es so bequem in der Küche zu haben, kostet Geld. Wie dem auch sei, es gibt den Preis für Wasser, für mich das wertvollste Lebensmittel.

Ich behaupte, dass Angebot und Nachfrage ohnehin nicht mehr funktionieren, um einen Preis zu regulieren.

Vielleicht noch beim Preis für Diamanten oder bei der Wertfestlegung für einen echten Picasso. Jeder Luxus, der nur den Zweck hat, den Status einer Person zu erhöhen, aber anders als Wasser keinen Nutzen hat, dieser unterliegt vielleicht noch den bekannten Gesetzen. Aber diese Werte interessieren mich nicht im Zusammenhang mit der neuen Währung.

Weil der Umwelt und den Mitmenschen kein Schaden entsteht, wenn ein Gemälde statt zwei Millionen plötzlich fünf Millionen kosten würde, lasse ich diesen Aspekt völlig unbeachtet. Wenn du nicht in den Schlaf kommst, weil der Neid dich zerfrisst, weil du ohne Rolex leben musst, dann wird der GNU dir leider auch nicht helfen können. Obwohl? Ich hoffe zwar, den GNU interessiert dieser Tand nicht. Aber wenn nicht nur dir, sondern auch vielen anderen ein besonderes Gemälde an der Wand wichtiger ist als gesunde Lebensmittel vom Erzeuger, und der Künstler sich mit Regionalwährung bezahlen lässt, dann kann auch ein lokales Luxussegment im Markt entstehen. Aber das ist kein Problem, es unterstreicht nur, dass wir immer noch von normalem Geld reden.

Eigentlich wollte ich aufzeigen, warum Angebot und Nachfrage nicht funktionieren. Mein ältester Kunde ist ein bekanntes Unternehmen der Kosmetikindustrie. Wenn ich das Programm für eine neue Body-Lotion schreiben darf, dann gibt es für circa fünf Millionen Euro Investition das neue Produkt im Handel.

Für fünf Millionen Euro kannst du auch im Supermarkt eine Lotion dazustellen. Du brauchst eine Halle, eine Mischergruppe und mein Programm. Die Markteinführung kostet aber mindestens zwanzig Millionen. Du kaufst also das Angebot für fünf Millionen und die Nachfrage für ein Vielfaches. Aber beides kommt von dir.

Die Nachfrage, weil sich jemand vor das Supermarktregal stellt und überlegt, dass es zu diesen siebzehn verschiedenen Lotionen eine weitere geben müsste, die z.B. mehr nach Pfefferminze riecht und einen spitzen Deckel hat, erfolgt nicht mehr.

Wenn dein Konkurrent mehr für die Markteinführung ausgibt, dann macht er das Rennen. Aber diese Art von Wirtschaft nenne ich die „Gewalt des Geldes" und eine nicht am Bedarf orientierte Preisfindung.

Als die Nachfrage den Preis bestimmte, weil noch nicht alle einen Staubsauger besaßen, und als der Markt ermittelte, ob die Produktion von weiteren Staubsaugern oder Teppichklopfern wichtiger sei, da gab es noch eine natürliche Nachfrage.

Im Jahr 1960 hatte in der BRD die Hälfte aller Haushalte einen eigenen Staubsauger. In der DDR waren es nur 12%. Aber was hat sich verändert, als alle einen Staubsauger hatten.

Wir können darüber streiten, ob es sinnvoll war, einen Drehknopf anzubauen, um die Saugleistung zu reduzieren. Zumindest wurden weiter Staubsauger verkauft.

Das, was ich als Gewalt bezeichnet habe, ist die kinetische Energie des Geldes. Wenn die Nachfrage null wird, weil der Markt satt ist, dann läge eigentlich auch der Preis bei 0,-- Euro.

Der gigantische Dampfer und das Kanu aus der Eingangsmetapher unterscheiden sich nicht durch das was Bewegung überhaupt ist, sondern nur in ihrer Wendigkeit. Wenn die Fahrt des Riesen in die Irre führt, dann wird auch der Gigant bremsen oder eine Wende fahren. Je mehr Konsumenten während dieser Kehre auf kleine Boote umsteigen und aus eigener Kraft schon einmal die richtige Richtung einschlagen, entlasten das große Manöver und beschleunigen die Veränderung.

Geld ist eine tolle Sache, wenn man in einer Mangelsituation die Verteilung des Wenigen regeln muss.

Dazu noch mal ein Gedankenspiel:

Wir stellen uns den Bedarf einmal so vor, dass alle Konsumenten nur Gläser haben möchten. Es werden im Markt ausschließlich Gläser hergestellt und auch nur Gläser verlangt. Wenn zehntausend Menschen es schaffen, nur tausend solche herzustellen, dann herrscht ein Mangel.

Wer von allen Menschen bekommt das nächste Glas? Erst die klugen, dann die naiven Kunden? Erst die Frauen, dann die Männer?

Du bist zum Beispiel der beste Glasmacher und wenn du in der Fabrik nicht dabei wärst, dann gäbe es nur neunhundert Gläser zum Verkauf. Du verlangst deshalb fünf Gläser für dich. Egal ob die Gesellschaft, um mehr Ertrag zu haben, den Kapitalisten toleriert oder ob sie für Gerechtigkeit steht und jeder nur ein Glas bekommt...

Wenn die Regeln für die Verteilung feststehen, arbeitet das System.

Durch den Fortschritt wird unsere Fabrik nun besser. Es gelingt, für alle genug Gläser zu produzieren, nur du als Kapitalist bringst das System noch in Unordnung, weil du mehr Gläser bekommst, während andere noch keines haben.

Aber das ist nicht der Nachteil, warum ich eine neue Währung möchte. Irgendwann bekommst du nichts mehr extra, Angebot und Nachfrage regeln das schon. Die Verlierer im Glasmarkt müssen nur etwas länger warten, aber ihr Glas wird kommen.

Wenn ich unsere reale Wirtschaft auf den Glasgedanken übertrage, dann produziert unsere Fabrik hunderttausende und aberhunderttausende an Gläsern und verteilt sie weiter mit dem Geld des Mangels.

Da geht ein völlig übergewichtiger Amerikaner in den Supermarkt und verlangt einen Truthahn. Der Verkäufer sagt: „Wenn Sie zwei kaufen, dann bekommen Sie einen gratis dazu."

Tja, die Gläser, die zuviel im Markt sind, müssen irgendwie weg.

Es gibt ein teures Duschgel mit einem Verschluss, der mich an die Landeklappe eines Ufos erinnert. Ein Dreieck, welches sich unter dem Druck des Daumens etwas nach hinten bewegt, um dann überraschend hochzuschnappen.

Es ist, als wären jetzt wenig Gläser bunt angepinselt, nur damit das Geld wieder funktioniert. Der Inhalt zum Waschen selbst interessiert kaum, weil das Waschen an sich so normal ist wie das Wasser in der Küche.

Wir erzeugen keine natürliche Nachfrage für Dinge des Überflusses. Das ist völlig normal, aber woher kommt der Wunsch nach einem bunten Glas? Ich würde keine Regionalwährung einführen wollen, nur weil wir unsinnigen Schnickschnack handeln, weil alle wichtigen Bedürfnisse befriedigt sind.

Aber die Wirtschaft hat uns das bunte Glas mit vielen Werbespots als echtes Bedürfnis eingetrichtert. Du bekommst es nur, wenn du viele langweilige Gläser zerstört hast.

So ein Quatsch, hast du gerade gedacht. Stimmt's?

Aber erinnere dich an den dritten Truthahn, die Dinger müssen weg. Geldvermehrung bedeutet hier pure Zerstörung. Kein Respekt vor der Natur, keine Achtung vor dem Leben. Luft, Wasser, Wald, Tiere, alles egal.

Mein Nachbar hat ein neues Auto. 430 PS, klasse! Ein neidischer Pulk umkreist den eingebildeten Autobesitzer. Aber mit der Naturzerstörung bis zur Auslieferung und dem noch zu erwartenden Schaden, hat er sich sein buntes Glas redlich verdient.

Geld oder Leben

Ich wünsche die Regionalwährung, weil ich sicher bin, dass es noch viele andere Wünsche und Träume gibt, die aber nicht oder noch nicht mit dem Euro transportiert werden können.

Als Angebot und Nachfrage noch funktionierten, da lagen "reich" sein und "glücklich" sein viel enger beieinander als heute. Stünden wir vor der Wahl, ob wir morgen ein bisschen reicher sein möchten oder ein bisschen glücklicher, entschieden sich vermutlich mehr Menschen für...

Hast du die Frage verstanden?

Geld wird zwar häufig mit Unzufriedenheit in Verbindung gebracht, weil das Konto mal wieder leer ist. Aber verdanken wir überhaupt irgendeine Zufriedenheit wirklich dem Geld?

Nach dem Krieg hat das erste Stück Schokolade unter dem Weihnachtsbaum von Herzen selige Menschen gemacht. Heute könnten sich die meisten Leute täglich drei, vier oder fünf Tafeln Schokolade leisten. Aber sie steigern ihr Glück nicht drei-, vier- oder fünffach.

Aber auch hier geht es um Schokolade. Das Geld huscht durch unsere Gedanken, es bestimmt für die meisten einen großen Teil des Lebens, aber es lässt sich als Wesen immer noch nicht recht fassen.

Ob du geizig oder großzügig bist, deine Mitmenschen erkennen dein Wesen an ein und demselben Geld. Also nicht das Geld ist scheu oder zutraulich. Jeder geht mit diesem Werkzeug anders um.

Die Regionalwährung GNU wird ein vom Euro gedecktes Geld sein. Worin besteht also der praktische Unterschied, ob etwas in Euro oder in GNU bezahlt wird?

Alle die, die bereits heute ihr Tun mit dem Euro so steuern, dass sie ihr Wohlbefinden und das Glück ihrer Nächsten vermehren, ohne dem Rest der Welt damit Schaden zuzufügen, werden keinen Unterschied spüren. Das gesellschaftliche Ansehen dieser heutigen Außenseiter wird durch den GNU vermehrt, weil die Ideen, die hinter diesem Leben stehen, zukünftig transportiert werden können.

Wer mit 430 PS echte menschliche Freude erlebt und nicht in Wirklichkeit seine Minderwertigkeitskomplexe kompensiert, wird zukünftig nur auf die bewundernden Blicke der Nachbarn verzichten.

Alle anderen, die sich mit einem unbehaglichen Gefühl an der heutigen Umweltzerstörung beteiligen, haben eine Alternative und können den trägen Giganten mit dem Euro-Motor im Bauch verlassen, ohne dass sie ins Wasser springen müssten.

Das Bedingungslose Grundeinkommen (BGE)

Bei einer Unterhaltung sagte mir einmal jemand, ob Regionalwährung oder das BGE, das sei doch im Grunde einerlei, beides sei innovativ und habe mit Geld zu tun.

Es ist aber zu 180° das Gegenteil! Die Urfrage ist: Woher kommen die Impulse, die unser Leben bestimmen?

Wer allem, was ich bis hierher schrieb, ehrlich widerspricht, aber nicht aus einer diffusen Angst vor Veränderung, sondern aus echter Überzeugung, dass die großen Konzerne und Banken unser Leben in der richtigen Weise lenken, der soll zurecht einen Anteil von dem Kuchen als Grundeinkommen einfordern, der im großen Wirtschaftsraum gebacken wird.

Vollautomatische Fabriken produzieren die Waren und du bekommst das Geld geschenkt, um sie zu kaufen. Der Verbraucher lässt sich weiter wie Vieh auf Kreuzfahrtschiffe führen, um geldfreundliche Reisen zu unternehmen, und die Wahrheit über die Zerstörung unserer Erde wird kollektiv - mit den vorgesagten Lügen von gewählten Politikern - geleugnet.

Zugegeben, wenn die Sorgen, die sich viele Menschen des Geldes wegen machen müssen, durch ein BGE plötzlich weg wären, dann ginge es dem Volk schlagartig besser.

Aber es wäre die totale Entmündigung der Menschen.

Klar, jeder könnte mit dem BGE tun, was ihm Spaß macht. Aber mit der Regionalwährung würde das, was Spaß macht, sogar wertvoll. Wenn das Geld für ein lebendiges, glückliches Leben steht, dann soll sich das vermehren, was natürliche Nachfrage erzeugt.

Das Grundeinkommen wäre ein Wall aus künstlicher Nachfrage, die doch Ursache unsere Unzufriedenheit ist.

Ohne diesen Wall läge die große Weite neuer Möglichkeiten vor dem neuen Geld.

Wie geht es los?

Machen!

Ich bin Realist und weiß natürlich, dass man am Anfang kaum einen Unterschied spüren wird, ob man irgendwo mit GNU einkaufen kann oder nicht.

Aber wenn das neue Geld erst einmal in Bewegung ist, dann wird automatisch ein neuer kollektiver Wert entstehen.

Ohne zu denken oder zu überlegen, einfach nur, weil Geld oder Leben keine Alternative ist, sondern Geld und Leben wieder normal sein werden.

Die Regionalwährung wird es sehr leicht haben, unsere Werte zu vermehren, weil sich die Ziele des globalen Geldes weitgehend von den Menschen isoliert haben, oder hast du die Cum-Ex-Geschäfte verstanden?

Aber es muss ein Kreislauf entstehen.

Das Buch ist nun fast am Ende und ein paar Leser sind jetzt vielleicht enttäuscht, weil sie gerne mehr Konkretes erfahren hätten. Aber die Suche nach neuen Experten, hinter denen man sich zur Not auch verstecken könnte, möchte ich gar nicht befriedigen. Niemand kennt die Statuten der Europäischen Zentralbank (EZB) und geht trotzdem mit dem Euro einkaufen. Mir ging es darum, den „Experten" in uns zu motivieren, sich einzumischen. Unser klarer Menschenverstand wird nicht erst seit der letzten Wahl in Amerika ständig beleidigt.

Wir erfinden das Rad nicht neu. Seit 2003 gibt es den Chiemgauer. Man kann in Süddeutschland bereits Bankkonten in der Regionalwährung führen und mit Karte einkaufen. Wir werden das bewährte und europaweit bereits mehrfach kopierte Konzept im Wesentlichen auch für den GNU übernehmen.

Und wenn der Motor bei uns nicht anspringt, dann wird das Projekt halt ein Flop. Zugegeben, auch diese Möglichkeit besteht. Aber dadurch hätte niemand einen Nachteil. Gesenkten Hauptes müsste der Verein die Scheine, die im Umlauf sind, zurücknehmen und das Experiment einstellen.

Für die in diesem Buch beschriebenen Chancen des Wandels ein geringes Risiko.

„Es ist nicht schlimm, es nicht zu verstehen, aber es wäre unverantwortlich, es nicht zu versuchen."

„Gefährlich ist eine Idee nicht, weil sie falsch ist – sondern weil sie wahr sein könnte."

(Steven Pinker)

„Wir lieben Querdenker!

Aber erst, wenn sie mindestens seit 50 Jahren tot sind.“

(Elliot Aronson)

„Am Beginn jeder großen Wahrheit steht immer

eine Gotteslästerung"

(George Bernard Shaw)